Bonne lecture ♡

Famille Rajotte-Lafortune

Déc. 2000

Fondation éducative Le Petit Prince

© Éditions Gallimard 1983
1er dépôt légal : septembre 1983
I.S.B.N. 2-245-02463-X
Dépôt légal : avril 1990 (1). Numéro d'édition 7981
Imprimé par la Éditoriale Libraria en Italie

LE LIVRE DES DÉCOUVERTES
ET DES INVENTIONS

COLLECTION DECOUVERTE CADET

Texte et Illustrations
de
Jean-Louis Besson

ÉCOLE RABEAU

609
Bes

Besson, Jean-Louis|

Le livre des
découvertes et des
inventions

École Rabeau

0006012

LE LIVRE DE PARIS-GALLIMARD

(…)
le tourne-vis et la capsule et les tenailles
l'automobile et la bécane et la quincaille
le car le sous-marin et l'accumulateur
l'attache-parisienne et le percolateur
le fer à repasser et le ventilateur
l'obus le tire-bouchon et le bouldoseur
la drague le revolver et le radiateur
la radio la lessiveuse et le frigidaire
la marmaille sans fin des ruses ménagères
des moyens de transport ustensiles outils
des gadgetts du lépine ou d'la grande industrie
(…)

Raymond Queneau

2

À Pascale

Le 24 novembre 1974, en Éthiopie, des savants retrouvèrent les os d'une jeune fille d'environ vingt ans. Ils la baptisent Lucy. Elle avait vécu là il y a trois millions d'années.

Lucy était petite, se tenait le dos un peu voûté et vivait de cueillette et de chasse. On pense qu'elle utilisait des outils de pierre, très rudimentaires.

Deux millions d'années plus tard, le Pithécanthrope, un habitant de Java, se sert d'un bâton pour fouiller le sol à la recherche de légumes et de petits animaux. Il dort à l'abri d'une caverne et profite des incendies de brousse pour entretenir le feu, bien commode pour éloigner les bêtes.

Le feu.

L'« homo sapiens », qui est notre arrière-arrière-grand-père à tous, découvre enfin voici peut-être 80 000 ans la façon de faire du feu : en frottant deux morceaux de bois ou en frappant des silex l'un contre l'autre.

Le biface. En taillant soigneusement et régulièrement un silex des deux côtés, l'homme fabrique un outil pointu et tranchant destiné à de multiples usages.

Ne sommes-nous silex !
Pour être l'arme,
Être l'outil,
Porter le feu à fleur de pierre.

Robert-Lucien Geeraert

Le feu
Se lamentait
Que
Le bois
Ne le
Comprenait
Pas.

Malcolm de Chazal

– 40 000 **Le tronc flottant** pour transporter facilement des arbres, et se déplacer de village en village.

La hutte de branchages. Recouverte de peaux de bêtes, facile à construire et à déplacer pour suivre les territoires de chasse.

La soupe chaude. Comme les outres de peau ne peuvent aller sur le feu, la cuisinière jette des pierres rougies directement dans le potage.

C'est dans les vieux pots que l'on fait la meilleure soupe.

Proverbe

Les bijoux en os et en cailloux.

6

– 30 000 La peinture. Sur les parois des cavernes, les couleurs sont faites de terre et autres colorants naturels. On peut y voir peut-être aussi l'origine de l'écriture. Quant au langage, ses débuts sont inconnus.

*La peinture est
poésie muette.
La poésie est
peinture muette.*

Léonard de Vinci

– 25 000 Les outils spécialisés : la hache de pierre, le couteau d'os, l'aiguille en os ou en arête de poisson.

*Si un chien t'aime
son poil
sent la paille
et le lait
et si tu sais l'aimer
sa présence
rapproche
les choses.*

Guy Chambelland

– 10 000 Le chien. Grâce à son intelligence, à son flair, à sa mémoire, mais aussi à son besoin de compagnie, il est depuis dix mille ans l'ami fidèle de l'homme, à la hutte comme à la chasse.

7

− 7 500 **Le village lacustre** permet de s'isoler des ennemis, hommes ou bêtes.

− 5 000 **L'élevage du porc et du mouton**, puis **la domestication du bœuf**. Mille ans plus tard, c'est le tour du coq et de ses poules, en Inde.

*Éternellement
le coq
fait crier la lumière
Sans lui, le jour
perdrait un peu
de sa parole.*

Christian Da Silva

Le tissage. On tisse d'abord la laine, en Égypte ; deux mille ans plus tard, ce sera le lin, puis le coton, venu de l'Inde.

Le canoë en peaux tendues sur des roseaux. L'étanchéité est faite avec de la poix. Dans certaines contrées, on a su construire des embarcations beaucoup plus grandes, en bois. Ainsi, l'Arche de Noé aurait eu 157 mètres de long sur 26 mètres de large.

– 4 000 La poterie. Est apparue en Chine et sur les bords de la Méditerranée.

– 3 000 La roue. Elle apparaît à Ur, en Chaldée (l'Irak d'aujourd'hui) dans la ville natale d'Abraham. C'est la première grande invention de tous les temps. Elle n'a pu être imitée de la nature qui ne connaît que le mouvement alternatif des pattes, des ailes ou des nageoires.

Roue, roue, roue,
oh, la roue,
mon Dieu,
Roue de tonnerre
et roue de feu.

Negro-spiritual

9

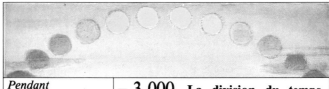

Pendant
  ces trois mois
  de tempête
Que faire
  sans
calendrier ?
Comment placer
  les jours de fête
Comment
  les
différencier ?

Gresset

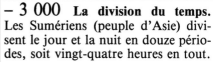

– 3 000 La division du temps.
Les Sumériens (peuple d'Asie) divisent le jour et la nuit en douze périodes, soit vingt-quatre heures en tout.

– 2 780 Le calendrier de 365 jours
établi par les prêtres égyptiens.

**– 2 500 Les bijoux en or, le
miroir de métal,** la robe de lin, la perruque, les jeux de société, le mobilier
(table, tabouret, lit), les objets de toilette **(pince à épiler, peigne),** sont
couramment utilisés par les
Égyptiens.

L'épingle de sûreté.
Le verre, en Égypte.

– 2 500 La charrue est employée de façon générale sur les bords de la Méditerranée. Elle était apparue deux mille ans plus tôt en Chine et en Perse.

La charrue ne creuse profondément que dans la terre molle.

Proverbe malais

Le char est attelé et possède des roues à rayons.

Un garçon glissant sur ses skis, disait : « Ah ! le ski, c'est exquis, je me demande bien ce qui est plus commode que le ski. »

Pierre Gamarra

Le ski, le patin à glace sont le moyen de transport des Frisons, dans le Nord de l'Europe.

12

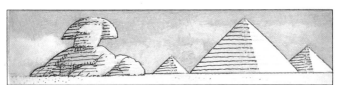

L'écriture apparaît vers 4 000 avant Jésus-Christ en Mésopotamie (l'Irak d'aujourd'hui).

Ces signes gravés avec un petit outil en forme de coin (d'où le nom d'écriture « cunéiforme ») sont utilisés plutôt pour noter les comptes des marchands que pour écrire des histoires.

Un peu plus tard, les Égyptiens inventent un autre système fait de petits dessins symboliques : les hiéroglyphes. L'écriture sert maintenant à fixer toutes les connaissances : la médecine, les mathématiques, l'histoire des rois que l'on peut lire aujourd'hui sur les sarcophages trouvés dans les pyramides. Mais comme tout le monde ne sait pas écrire, certains en font leur métier : les scribes.

Avec l'écriture va se développer la fabrication de l'encre et des pinceaux ainsi que celle du papier ou plus exactement du papyrus, une plante des bords du Nil dont on déroule l'écorce souple et fine.

Écrire,
Inscrire
Marquer,
Graver,
Creuser,
Garder.

Guillevic

Je vois, j'écris, les flammes tracent
Pour toi des mots qui vont sur l'eau,
Des mots salés du Sud
dans les sables des Rois

F.-J. Temple

13

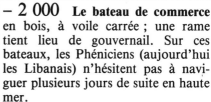

− 2 000 **Le bateau de commerce** en bois, à voile carrée ; une rame tient lieu de gouvernail. Sur ces bateaux, les Phéniciens (aujourd'hui les Libanais) n'hésitent pas à naviguer plusieurs jours de suite en haute mer.

− 1 500 **Le chat** est domestiqué en Égypte où il est vénéré et momifié. Mille ans plus tard, il est connu des Romains, qui utilisaient jusque-là des fouines pour chasser les souris. Au Moyen Age, on l'installe dans toutes les maisons, car il est le seul à venir à bout du rat noir rapporté malgré eux par les Croisés.

Ils ont les rabots
et la scie,
Ils ont l'établi,
les maillets
de bois
Et la varlope ;
ils ont aussi
Le cidre et le
pichet
où l'on boit.

Tristan Klingsor

A B

− 1 050 **L'alphabet.** Inventé par les Phéniciens, repris par les Grecs. Il tire son nom des deux premières lettres de l'alphabet grec : alpha et beta.

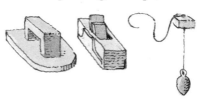

− 800 **La scie, la truelle, le rabot, le fil à plomb.**

– 776 Les jeux Olympiques.
Dédiés à Zeus, à Olympie, ils durent cinq jours, et auront lieu tous les quatre ans avec une interruption entre 394 et 1896. Les Grecs, filles et garçons, étaient depuis longtemps passionnés de jeux sportifs.

– 687 La monnaie est inventée par Gygès, roi de Lydie (aujourd'hui partie de la Turquie).

– 600 L'électricité. Le mathématicien Thalès, auteur de nombreux théorèmes, remarque que l'ambre frotté attire les brindilles : il existe donc un fluide qu'il appelle elektron, du nom grec de l'ambre.

– 500 Les tuiles, les vêtements de drap, les rues pavées, la lampe à huile, sont en usage courant chez les Romains.

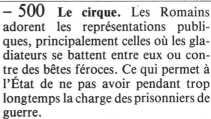

*Tous les atomes
dans l'air
et dans le désert,
Sache-le bien,
sont tels des
insensés.*

Djalâl al Dîn Rûmi

– 500 Le cirque. Les Romains adorent les représentations publiques, principalement celles où les gladiateurs se battent entre eux ou contre des bêtes féroces. Ce qui permet à l'État de ne pas avoir pendant trop longtemps la charge des prisonniers de guerre.

– 400 L'atome. Démocrite, philosophe grec, pense que tous les êtres vivants et les choses qui les entourent sont constitués des mêmes particules, les atomes.

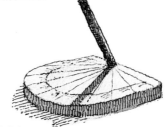

– 300 Le cadran solaire.

La clepsydre. Horloge à eau inventée par les Grecs pour mesurer le temps, par exemple, la longueur du discours d'un orateur.

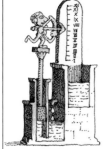

La selle. Pour monter le cheval.

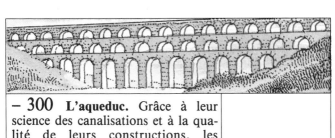

− 300 L'aqueduc. Grâce à leur science des canalisations et à la qualité de leurs constructions, les Romains ont introduit l'eau courante dans les villes, les établissements de bains, le tout-à-l'égout.

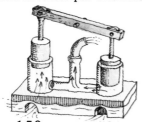

Le char romain, attelé de quatre chevaux.

− 250 Le miroir solaire, la vis sans fin. Inventés par Archimède.

− 150 La pompe aspirante de Ctésibios.

Phœbus,
de mauvais poil,
se couche.
Droit sur l'écueil :
S'allume le grand
borgne louche,
Clignant de l'œil.

Tristan Corbière

– 280 Le phare d'Alexandrie.
Construit en marbre blanc et éclairé par un feu de bois, c'est l'une des sept merveilles du monde.

– 120 Le tonneau, la bière et les culottes longues, en Gaule romaine.

80 L'éolipyle. C'est la première machine à vapeur et à réaction. Elle est inventée par Héron. L'intérêt de cette machine apparaîtra bien plus tard, quand l'énergie peu coûteuse des esclaves, très nombreux à cette époque, aura disparu.

Le savon de Marseille, le bahut, les confitures, en Europe. **Les échecs,** en Inde.

368 **L'hôpital.** Invention des Chrétiens, il est dirigé par des moines, destiné autant à isoler les lépreux qu'à soigner les pauvres.

Le toit d'ardoise, le sol carrelé, utilisés dans la construction des maisons en Europe.

*En sortant
de l'école
nous avons
rencontré
un grand chemin
de fer
qui nous a emmenés
tout autour
de la terre
dans un wagon doré*

Jacques Prévert

500 **La voile triangulaire.**

800 **L'école.** Inventée par Charlemagne, bien sûr...

Le collier d'attelage. En prenant appui sur les épaules, il permet à un seul cheval de tirer une charge plus importante que les quatre chevaux du char romain, dont le harnais de poitrine gênait la respiration.

900 **Le fer, l'étrier.** L'un pour le cheval, l'autre pour le cavalier.

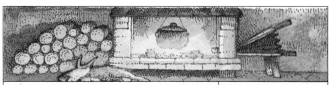

L'âtre. La plupart des maisons ont maintenant leur cheminée de pierre. Elle remplace le foyer à même le sol et le trou dans le toit.

Les moulins à vent et les moulins à eau étaient depuis longtemps utilisés en Perse et en Chine.

Aux environs de l'an mille, les Sarrasins qui occupent l'Espagne les introduisent chez nous. Peu à peu, leur force motrice va remplacer la seule énergie jusqu'alors en usage : celle des muscles des animaux mais surtout celle des esclaves.

Les moulins à vent servent à moudre le grain mais aussi à pomper l'eau des marais pour assécher des terres.

Les moulins à eau seront pendant plus de sept cents ans les moteurs des fabriques : scieries, forges, tanneries, papeteries. Même les pièces de monnaie sont fabriquées grâce à l'énergie de l'eau.

> *S'il faut rendre compte*
> *Des beautés du monde,*
> *On n'oubliera pas*
> *Les moulins à vent.*
>
> Guillevic

La chandelle de suif, en graisse de mouton ou de suif, sent un peu fort mais elle est beaucoup moins chère que le cierge en cire d'abeille.

Banville rapporte que la chandelle de Camoens s'étant éteinte, le poète continua d'écrire à la lueur des yeux de son chat.

Bachelard

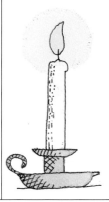

21

1100 **Les cathédrales.** Pour les construire, la brouette, le palan, le treuil. Pour les éclairer, le vitrail.

Les notes de musique. Système inventé par le moine bénédictin Guido d'Arezzo, d'après les paroles d'un hymne en latin.

Le *do* remplacera plus tard le *ut*. Mais dans les pays anglo-saxons, on préférera le système des lettres A, B, C, D, E, F, le A étant l'équivalent du *la*.

UT queant laxis
REsonare fibris
MIra gestorum
FAmuli tuorum
SOLve polluti
LAbii rearum,
Sancte Iohannes

1190 **La boussole** arrive en Europe, mais elle était depuis longtemps connue des Chinois.

La plume d'oie pour écrire.

1 2 3 4 5 6 7 8 9 0

1240 **Les chiffres arabes** remplacent les chiffres romains.

1250 **Le bain** se prend dans un cuvier, en attendant la baignoire.

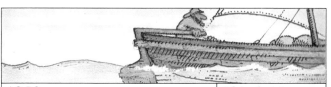

1250 Le gouvernail d'étambot.
Bien plus commode pour la manœuvre que les deux rames arrière utilisées jusque-là ; il mettra pourtant deux cents ans à se généraliser.

Le sablier. Il y en a des gros qui durent une heure pour mesurer le temps des discours, et des petits pour cuire les œufs à la coque.

1300 La fourchette. Offerte à Édouard Ier d'Angleterre qui crut d'abord que c'était une nouvelle arme, mais elle ne sera utilisée par tout le monde que 250 ans plus tard.

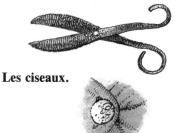

Les ciseaux.

Les boutons pour les vêtements.

L'horloge mécanique à poids remplace l'horloge à eau. C'est le pape Gerbert qui aurait eu l'idée du mécanisme, vers l'an 1000.

*Plein de joie
le divin Ulysse
ouvrit ses voiles.
Assis près de la
barre, en maître
il gouvernait.*

Homère

*Les jours sont
peut-être égaux
pour une horloge,
mais pas
pour un homme.*

Marcel Proust

*Un pou et une
puce
Qui jouaient aux
cartes,
Au jeu de piquet
Sur un tabouret.
La puce a triché
Le pou a triché
Le pou en colère
Passa par-derrière
Lui tirer le
chignon.*

Comptine

1350 **Le cerf-volant** arrive chez nous, mais les Chinois savaient en construire depuis longtemps.

1316 **Les lunettes.** Ou plutôt des bésicles pour les gens âgés, qui ne voient plus très bien de près. Les myopes attendront 1450 pour avoir des lunettes.

1320 **Les cartes à jouer** nous viennent aussi de Chine.

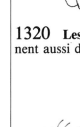

1346 **Le canon.** Utilisé par les Anglais à la bataille de Crécy pour battre les Français ; mais les Arabes s'en servaient déjà, et, avant eux, les Chinois.

1396 L'écluse. Elle a d'abord une porte verticale. Quatre-vingt-dix ans plus tard, Léonard de Vinci en dessine une avec des portes sur les côtés, comme maintenant.

J'ai quatre pieds
Puis un dossier.
Je suis de bois,
Mais j'ai parfois
Un fond plus doux
Tout empaillé,
Tout rembourré.
Je suis debout,
C'est moi la chaise.

Robert-Lucien
Geeraert

1389 Le chaise percée. Celle d'Isabeau de Bavière est garnie de 4 aunes de velours azur. Plus tard, le château de Versailles comptera 274 « chaises d'affaires ».

1450 Le miroir en verre, avec tain.

Le carrosse, suspendu par des ressorts en cuir.

La poste est instituée en France par Louis XI. Des coches sillonnent désormais tout le royaume pour transporter le courrier.

L'imprimerie. Vers l'an 800, dit-on, les Chinois l'avaient déjà inventée.

En Europe, c'est un Hollandais, Laurent Coster, qui imagine de sculpter dans du bois et séparément les lettres de l'alphabet. En 1423, il imprime un livre de huit pages contenant justement un alphabet ainsi que des prières pour le dimanche. Mais ce n'est pas Coster qui deviendra célèbre.

Quelques années plus tard, Gutenberg perfectionne ce procédé en fabriquant des caractères avec du plomb fondu. Il invente la presse à bras avec laquelle il imprime, en 1448 à Mayence, sa célèbre Bible « à quarante-deux lignes ».

Le livre de pierre si solide et si durable allait faire place au livre de papier, plus solide et plus durable encore... L'imprimerie tuera l'architecture.

Victor Hugo

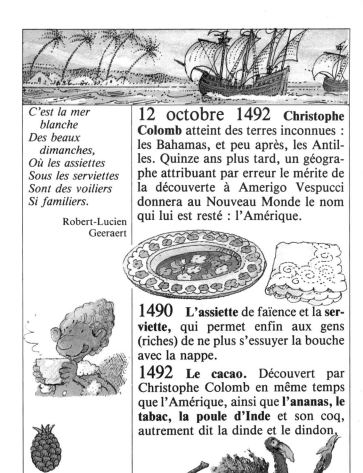

C'est la mer
  blanche
Des beaux
  dimanches,
Où les assiettes
Sous les serviettes
Sont des voiliers
Si familiers.

Robert-Lucien
Geeraert

12 octobre 1492 Christophe **Colomb** atteint des terres inconnues : les Bahamas, et peu après, les Antilles. Quinze ans plus tard, un géographe attribuant par erreur le mérite de la découverte à Amerigo Vespucci donnera au Nouveau Monde le nom qui lui est resté : l'Amérique.

1490 **L'assiette** de faïence et la **serviette,** qui permet enfin aux gens (riches) de ne plus s'essuyer la bouche avec la nappe.

1492 **Le cacao.** Découvert par Christophe Colomb en même temps que l'Amérique, ainsi que **l'ananas, le tabac, la poule d'Inde** et son coq, autrement dit la dinde et le dindon.

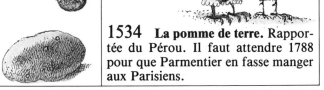

1534 **La pomme de terre.** Rapportée du Pérou. Il faut attendre 1788 pour que Parmentier en fasse manger aux Parisiens.

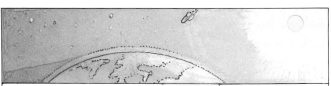

1543 **La Terre est ronde** et tourne autour du Soleil ! C'est ce qu'a découvert Copernic, mais beaucoup ne le croient pas...

1554 **Les signes** arithmétiques.

L'anatomie. Michel Servet étudie la circulation pulmonaire. William Harvey découvrira celle du sang en 1628.

1570 **La brosse à dents.** Présentée à la Cour de France par l'ambassadeur d'Espagne.

1592 **Le thermomètre.** Galilée perfectionne un principe connu depuis les Grecs.

La vis. C'est un clou vrillé mais qu'on ne sait pas encore faire sortir de son trou. Le tournevis viendra cent ans plus tard.

1608 **Le télescope.** Inventé aussi par Galilée, il permet de vérifier que Copernic n'avait pas tort.

La terre est ronde c'est l'évidence même c'est ce qu'on affirme aux quatre coins du monde.

Andrée Clair

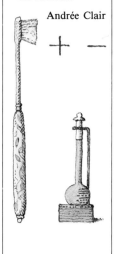

29

Vers 1560 **Le vitrier.** Le progrès crée toujours de nouveaux métiers.

La chaise à porteurs.
L'éventail.
Pliant, en dentelle ou en plume.

1600 **L'hymne national.** Inventé par les Suisses. Le *God save the Queen* (ou *King*) sera composé en 1740, *La Marseillaise* en 1792.

Or — fe-o   O — rfeo — dove-e — ra — tu ?

1607 **L'écriture musicale.** Monteverdi écrit *Orfeo* (le premier opéra) sur une portée à cinq lignes.

1610 **Le microscope.** Inventé en Hollande par Cornelius Van Drebbel.

Le jeu de paume avec raquette. Pour servir, on dit « tenez ! ». Ce qui deviendra « tennis ».

1625 **Le carrosse public.** Il a des portes vitrées et tout le monde peut monter dedans. Tout au moins à Londres et en échange de quelques pennies.

Le parapluie abrite d'abord les Anglais.

Le couteau de table à bout arrondi. Richelieu le rend obligatoire, sans doute pour éviter les assassinats pendant les repas.

1642 **La machine à calculer** de Blaise Pascal.

1644 **Le baromètre** de Torricelli. Pour savoir le temps qu'il fera.

Le jeu de l'oie. Il vient de Venise et passionne Madame de Sévigné.

1653 **La boîte aux lettres,** à Paris.

Un paparapluie
Prit le train pour
* Paris,*
En compagnie
* d'une*
* mamanrapluie.*

Paul Vincensini

31

1666 Le billard.
Louis XIV en lance la mode dans le salon de Diane, à Versailles, sur les conseils de ses médecins, pour faciliter sa digestion.

1658 Le billet de banque.
Émis en Suède par la banque de Stockholm. Jusqu'en 1914 en France, on pourra l'échanger contre sa valeur en or.

1668 Le champagne.
Par Dom Pérignon, bon moine chargé des vignes de l'abbaye bénédictine d'Hautvillers, non loin d'Épernay.

*La petite bête
qui est dans la
montre
Montre-toi,
montre-
toi donc,
Je regarderai
de côté,
Pour ne pas te
gêner.*

Lise Deharme

1670 La montre,
avec ressort spiral à balancier. Une invention du Hollandais Huyghens.

1681 La Cocotte-Minute.
Denis Papin y voit un moyen de nourrir les pauvres. Cuit les viandes dures.

1684 **Le café.** Après La Mecque, Venise et Londres, Paris a son café. Ouvert par François Procope, un Sicilien, rue de l'Ancienne-Comédie, où il se trouve encore.

Le sorbet est préparé avec de la glace naturelle conservée dans de la paille au fond des caves. La recette était connue depuis longtemps des Chinois.

Le tournevis. La vis a maintenant la tête fendue.

Le papier peint. Très à la mode à Londres, il est importé de Chine.

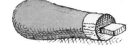

Le tire-bouchon et le bouchon de liège, qui remplace la cire à cacheter utilisée jusque-là.

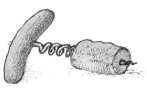

1690 **Le stradivarius,** d'Antonio Stradivari, en Italie. Le plus célèbre, le meilleur des violons.

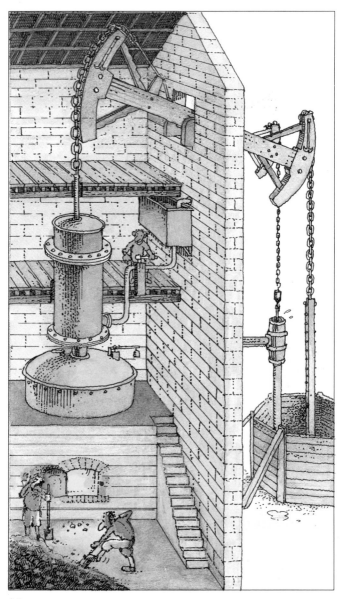

Les rails et les wagons servent dans les mines à transporter le charbon.

La machine à vapeur. Déjà, dans l'Antiquité, Héron d'Alexandrie fait tourner, grâce à la vapeur, son « éolipyle », ancêtre du moteur à réaction. Denis Papin, en France, dessine les plans d'une machine qui ne sera jamais construite, faute d'argent. Mais il invente un accessoire important : la soupape de sûreté qui équipe son « disgesteur » (ou Cocotte-Minute).

C'est en Angleterre que Thomas Newcomen construit, en 1712, la première machine à vapeur. Son balancier actionne une pompe qui sert à évacuer l'eau d'une mine de charbon.

A partir de 1765, un autre Anglais, James Watt, améliore le fonctionnement de la machine par de multiples perfectionnements comme le mouvement rotatif.

A la fin du siècle, en Angleterre, plus de quatre-vingts machines actionnent laminoirs, marteaux-pilons, métiers à tisser, batteuses et moulins à blé.

La fonte. En 1707, les hauts fourneaux fonctionnent au charbon et non plus au bois. L'industrie du fer et de l'acier peut ainsi fabriquer toutes sortes d'objets, des casseroles aux pièces de machines.

*La vapeur fuse
en s'évadant
d'un robinet
un menu sifflet
se révolte
une burette
désinvolte
s'amuse à voltiger
de clapet
en clapet.*

Pierre Béarn

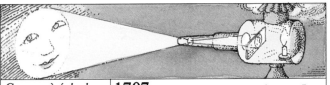

Gomme à éplucher
au plus tendre
du fruit,
à sucer,
goût de menthe
et d'anis au fin
fond
des plumiers,
à frotter
sur la débâcle
du papier sali
qu'elle punit
avec douceur.
Gomme, pareille
à une vie étirée,
quand elle s'use
à n'être plus rien.

Jeanine Moulin

1707 La lanterne magique. Les forains en organisent des projections sur les places des villages, pour la joie du public.

1711 Le diapason. Inventé par John Shore, trompettiste dans l'orchestre de Haendel, ce petit instrument donne le *la* aux musiciens.

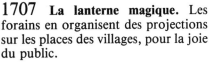

1726 L'encyclopédie anglaise de Chambers sert de modèle à celle de Diderot, éditée vingt-cinq ans plus tard.
Les bretelles.
La gomme à effacer.

1728 Le cricket. Le premier match a lieu en Angleterre entre l'équipe du Kent et celle du Surrey.

1752 **Le paratonnerre.** Benjamin Franklin met en lumière l'attirance de la foudre pour les objets métalliques et pointus. Il invente aussi un poêle à bois et dessine la chaise à bascule pour s'asseoir devant le feu.

Quand gronde l'orage
Au cœur des nuages,
Le paratonnerre
De Monsieur Franklin
Mange les éclairs,
Et on se sent bien.

Georges Jean

1755 **La cuisinière** fabriquée par Boudin, à Beauvais.

1759 **La silhouette.** Ce style de dessin porte le nom d'Étienne de Silhouette, contrôleur des finances, réputé pour son austérité.

1762 **La culotte de dame.** Un arrêté de Louis XV la rend obligatoire pour les comédiennes et les danseuses.

1764 **La Jenny,** machine à filer le coton.

*On a mangé
un sandwich
du fromage
et des radis
en lisant
des poésies.*

Andrée Clair

1765 **Le restaurant.** Le premier du nom est celui de monsieur Boulanger, dont les pieds de mouton en sauce blanche font courir tout Paris.

1762 **Le sandwich.** John Montagu, lord Sandwich, tellement passionné par le jeu, n'avait jamais le temps de passer à table pour dîner.

1769 **Le fardier** de Cugnot. Première automobile, première traction avant.

*Et puis l'on frappe l'eau
Comme une bonne bête,
On joue à la tempête,
Et moi, dans tout ce flot,
Suis-je encore baignoire
Ou pauvre périssoire ?*

Robert-Lucien
Geeraert

1770 **La baignoire.** En tôle, souvent en forme de sabot, telle celle de l'infortuné Marat.

1779 Le pont métallique. En fonte, construit par l'Anglais Abraham Darby sur la rivière Severn.

1778 Le water-closet. Breveté en Angleterre par Joseph Bramah, il sera d'usage courant à Londres après l'installation du tout-à-l'égout, en 1860.

Le roulement à billes, en bois, apparaît dans les mécanismes des moulins à vent.

1772 L'encre invisible. Inventée par les Anglais, faite avec du lait et du jus de citron. Elle sert au courrier secret des diplomates et des amoureux.

1780 Le derby d'Epsom. Du nom du douzième comte de Derby qui en fixe les règles : course de un mile et demi pour chevaux de trois ans.

On se grandissait, on suivait des yeux les taches éclatantes des jockeys qui filaient dans le soleil.

Émile Zola

*Dans la rue
  Traversière
Y avait un
  inventeur
Qui f'sait des
  montgolfières
En noir et en
  couleurs.*

Boris Vian

1782 L'assurance contre l'incendie. En France, la première compagnie est fondée par Étienne Delessert. Les Anglais, eux, depuis le grand incendie de Londres, pouvaient déjà s'assurer.

1783 La montgolfière et ses premiers passagers : un coq, une brebis et un canard.

1785 L'accident aérien. François Pilâtre de Rozier tente la traversée de la Manche. Il périt dans l'incendie de son appareil.

1er janvier 1788 *Le Times.* Fondé à Londres. Il paraît toujours, mais depuis 1966 les petites annonces ne sont plus en première page.

1786 **L'ascension du mont Blanc.** Par trois habitants de Chamonix. La première femme qui l'escaladera le fera en 1808.

1788 **Le scaphandrier.** Marcher sous l'eau était un vieux rêve.

La roulette du dentiste. L'Américain John Greenwood invente la terrible machine en transformant le rouet de sa mère.

1790 **Le camembert** de Normandie. Cent ans plus tard, on lui fabriquera une boîte ronde en bois.

Le dentier. Fait d'ivoire d'hippopotame, comme celui de George Washington, président des États-Unis l'année suivante.

*Là-haut sur le
    mont Blanc
L'edelweiss
    y fleurit,
J'y vois toute
    la terre
Et la France
    et Paris.*

Robert
Desnos

*Mets ton habit,
    scaphandrier
Descends dans les
    yeux
    de ma blonde
Que vois-tu,
    bon
scaphandrier ?
— Je vois un
    étrange
    attirail
Des fleurs,
    des oiseaux,
    du corail.*

René Baër, Léo Ferré

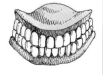

41

*Craque la chaîne
Qui va casser,
C'est
à pleurer,
Rouler
sans chaîne,
Manger sans
dents.*

Robert-Lucien
Geeraert

1790 **Le célérifère** du Conte de Sivrac. Sans pédales ni direction, il a tout de même deux roues égales, comme la bicyclette dont il est l'ancêtre.

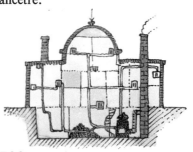

1792 **Le chauffage central** de la Banque d'Angleterre à Londres. A Paris, le premier bâtiment chauffé est l'Institut, en 1833.

La cigarette. Roulée à la main, en Espagne. C'est à Cuba qu'elle est fabriquée industriellement en 1853.

7 avril 1795 **Le système métrique.** Adopté par tous les pays sauf la Grande-Bretagne, l'Irlande, le Canada et les États-Unis.

1794 **Le télégraphe** de l'abbé Chappe est plus rapide qu'un cheval ! Par beau temps, un message ne met que vingt minutes à parcourir les mille kilomètres qui séparent Toulon de Paris.

*Taillez mon
   crayon !
Même s'il se cache
Nous l'attraperons
Et par la
   moustache
Nous
l'enchaînerons.*

Tristan Derême

1795 **Le crayon Conté.** Remplace le crayon de graphite acheté jusque-là aux Anglais.

1797 **Le parachute.** André-Jacques Garnerin, 27 ans, n'hésite pas à sauter d'une montgolfière au-dessus du parc Monceau, à Paris.

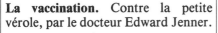

La vaccination. Contre la petite vérole, par le docteur Edward Jenner.

1799 **Le gaz d'éclairage.** Invention de Philippe Lebon.

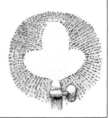

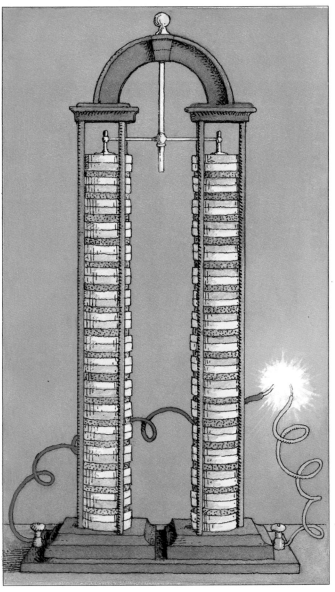

La conduite à droite. Napoléon impose en 1807 la conduite à droite aux habitants de l'Europe.

Pourquoi ? Peut-être pour faire le contraire des Anglais qui circulent à gauche depuis longtemps, ce côté leur ayant semblé plus commode tant pour tirer l'épée en cas de mauvaise rencontre que pour se saluer dans le cas contraire.

La pile électrique. L'électricité était connue depuis l'Antiquité, mais on ne savait pas l'obtenir autrement qu'en frottant de l'ambre ou du soufre. Ce qui permettait de faire seulement quelques étincelles.

En 1800, un physicien italien, Alexandre Volta, découvre que l'électricité peut provenir du contact de deux métaux : il empile alternativement des rondelles de zinc et de cuivre, séparées par d'autres de feutre humide. Entre les pôles de la pile, l'électricité jaillit de façon continue. Le « courant » produit va pour la première fois pouvoir être utilisé.

Le Code civil. Également institué par Napoléon, il réglemente la vie sociale des Européens.

En composant La Chartreuse, *pour prendre le ton, je lisais chaque matin deux ou trois pages du* Code civil *afin d'être naturel.*

Stendhal

45

*Au numéro trois
De la rue
   Saint-Nicolas
La maison est en
   carton
L'escalier est en
   papier,
Le locataire en fil
   de fer,
Le propriétaire
   en pomme de
   terre.*

Comptine

*Les roues
du train
grignotent
tricotent
les roues
du train
tournicotent
le chemin
cahote
papote
belote
parlote
tournicotent
les roues
du train*

Anne-Marie
Chapouton

1805 **Le numérotage des rues** à Paris. Dans le sens du courant pour les rues parallèles à la Seine. En partant du fleuve vers les faubourgs pour les rues perpendiculaires.

1801 **Le métier Jacquard** tisse automatiquement les motifs des étoffes et des tapis.

1803 **Le bateau à vapeur.** L'Américain Robert Fulton fait naviguer le *Clermont* sur la Seine, sans aucun encouragement du gouvernement : Napoléon ne croit pas à l'avenir de la machine à vapeur.

1804 **La locomotive,** de l'Anglais Richard Trevithick, remplace les chevaux dans les mines de charbon pour tirer les wagonnets.

1816 **La traversée de la Manche** à la vapeur par *l'Élise*. Trois ans plus tard, le *Savannah* voyagera vers les États-Unis, mais en s'aidant encore de ses voiles.

1805 **Le stéthoscope** et « Dites 33 » sont l'invention du docteur Laennec.

1807 **Le bouton-pression** voit le jour grâce au Danois Bertel Sanders.

1817 **La draisienne** du baron de Drais. L'ancien célérifère a maintenant un guidon, mais toujours pas de pédales.

*Si j'avais une
   bicyclette,
J'irais dès le soleil
   levant,
Par les routes
   blanches et
nettes
J'irais plus vite
que
   le vent.*

Ernest Pérochon

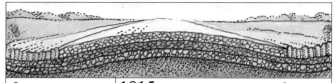

Ô ce piano,
ce cher piano
Qui jamais,
jamais ne
s'arrête
Ô ce piano
qui geint là-haut
Et qui s'entête
sur la tête.

Jules Laforgue

1815 Le macadam. L'Écossais John L. Mac Adam découvre une façon de disposer les pierres rendant les routes très résistantes.

1818 La transfusion sanguine. Au Guy's Hospital de Londres, par le docteur James Blundel. Cent cinquante ans plus tôt, un essai non concluant avait été pratiqué avec le sang d'un mouton.

1823 Le piano de Erard à Paris.

1824 L'imperméable. Les qualités imperméables du caoutchouc étaient depuis longtemps connues des Aztèques, mais c'est un Britannique qui confectionne le vêtement de pluie : Charles Mac Intosh.

1824 **La Société protectrice des animaux.** Fondée à Londres, où depuis deux ans déjà il est défendu, sous peine d'amende, de battre son chien.

Les allumettes, en Angleterre. Appelées aussi « lucifers ».

1826 **La boîte de conserve.** Inventée par les Anglais, et moins fragile que la conserve en bocal de verre de Nicolas Appert pour nourrir les soldats de Napoléon. L'ouvre-boîtes n'étant pas encore inventé, il faut, en attendant, s'armer d'un ciseau et d'un marteau.

La photographie. Joseph Nicéphore Niepce parvient à fixer l'image donnée par la chambre noire. Mais la pose dure huit heures ! En 1839, Jacques Daguerre réduit le temps de pose à une demi-heure.
En Angleterre, Fox-Talbot obtient un « négatif » permettant autant de tirages « positifs » qu'il le souhaite.

Et il y a en toi
Photographie
Des tons alanguis
On y entend
Une mélopée
Photographie
tu es l'ombre
Du soleil
Qu'est sa beauté

Guillaume
Apollinaire

49

Les bains de mer sont mis à la mode l'été 1822 par la duchesse de Berry, l'intrépide belle-fille du roi Charles X. Les chemins de fer vont permettre aux premiers voyageurs de découvrir les plages.

Le chemin de fer. Les rails et les wagons servaient déjà dans les mines à transporter le charbon. La machine à vapeur avait été installée sur des roues en 1804. Il suffisait de réunir l'ensemble. C'est chose faite le 27 septembre 1825, en Angleterre, entre Stockton et Darlington, sur 50 kilomètres.

Cinq ans plus tard, la première grande ligne est inaugurée. Elle relie Liverpool à Manchester, et comporte un tunnel de plus de 2 kilomètres. L'écartement des rails de 1,44 mètre est adopté par tous les pays, sauf l'Espagne et la Russie, qui, ayant été envahies par Napoléon, ont de bonnes raisons d'adopter un écartement différent.

La construction des chemins de fer va déclencher de formidables travaux : remblais, tunnels, viaducs, gares, entrepôts, ateliers de toutes sortes.

La plume métallique, pour écrire. Elle est fabriquée à Sheffield, en Angleterre, et remplace la plume d'oie utilisée jusque-là.

*Tu trompettes
à tue-tête,
Tu zigzagues
comme un
lézard...
Les bœufs
regardent
aux fenêtres
On dirait
un train de
bazar.*

Maurice Fombeure

*Autrefois on
écrivait
Prose ou poème
avec
Une vraie plume
faite
Pour s'envoler.*

Frédéric Kiesel

o	o	oo	oo	o	oo
A	B	C	D	E	F
oo	oo	o	oo	o	o
G	H	I	J	K	L
oo	oo	o	oo	oo	o
M	N	O	P	Q	R
o	oo	o	o	oo	oo
S	T	U	V	W	X
		oo	o		
		Y	Z		

1835 La Caisse d'épargne. L'ingénieux Benjamin Delessert, baron depuis 1812 pour avoir trouvé le moyen de faire du sucre avec des betteraves, fait fructifier les économies des Français.

1829 Le braille. Aveugle depuis l'âge de trois ans, Louis Braille invente son célèbre alphabet qui sera adopté par tous les pays du monde en 1932.

1830 La machine à coudre de Barthélemy Thimonnier fait 200 points de chaînette à la minute. Perfectionnée vingt ans plus tard par Elias Howe et Isaac Singer, elle connaîtra un énorme succès aux États-Unis.

1834 La moissonneuse. Elle est construite aussi en Amérique par Cyrus McCormick pour nourrir les mineurs de la ruée vers l'or.

1838 **L'hélice** équipe l'*Archimède* lancé par Sir Francis Pettit Smith. En 1845 un concours est organisé entre un vapeur à roues et un vapeur à hélice. C'est l'hélice qui gagne.

La tondeuse à gazon est britannique et tirée par un cheval botté de caoutchouc pour éviter les marques sur la pelouse.

Le poker. Très en vogue pendant la conquête de l'Ouest.

1836 **Le revolver,** inventé aux États-Unis par Samuel Colt.

1839 **L'emplacement publicitaire réservé** est institué en Angleterre. On ne peut plus coller les affiches n'importe où, n'importe comment.

5 juillet 1841 Le voyage organisé.
Par Thomas Cook, pour transporter les cinq cents membres d'une association antialcoolique.

1840 Le timbre-poste.
Inventé par un Écossais, James Chalmers. Les petits trous pour mieux le détacher seront dus à un Irlandais, Henry Archer, en 1854.

```
A .—        N —.
B —...       O ———
C —.—.      P .——.
D —..        Q ——.—
E .          R .—.
F ..—.       S ...
G ——.       T —
H ....       U ..—
I ..         V ...—
J .———      W .——
K —.—       X —..—
L .—..       Y —.——
M ——        Z ——..
```

La girafe

*Elle inventa
  le télégraphe
L'antenne
  et la télévision
Pour mieux savoir
  ce qui se passe
Aux quatre coins
  de l'horizon.*

Gilbert Delahaye

24 mai 1844 Le télégraphe.
Samuel Morse, artiste peintre américain, transforme les lettres de l'alphabet en points et en traits. Le premier message transmis est une citation de la Bible : *What Hath God Whrought ?*

1846 L'anesthésie.
A l'éther par les docteurs William Morton et John W. Jackson, de Boston. Trente ans plus tard, l'anesthésie locale sera utilisée par un jeune médecin de 28 ans : Sigmund Freud.

1844 **Le « block system ».** Pour éviter les collisions, W.F. Cooke divise la voie ferrée en sections, chacune protégée par un signal.
Cinquante ans plus tard, la commande des signaux sera automatiquement déclenchée par le passage du train.

1849 **L'épingle de sûreté.** Déjà connue dans l'Antiquité, elle est réinventée en trois heures par Walter Hunt pour rembourser une dette de quinze dollars.

1851 **La machine à laver** à tambour, construite par l'Américain James T. King.

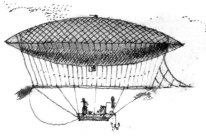

1852 **Le dirigeable,** avec gouvernail et machine à vapeur, va de Paris à Trappes, piloté par son constructeur, Henri Giffard.

1852 **La lampe à pétrole.**

1856 **La « General ».** La célèbre locomotive, nourrie au bois, a une cheminée en entonnoir pour éviter que les braises ne s'échappent. Les chauffeurs-mécaniciens doivent se garder autant des bandits que des bisons.

1853 **L'ascenseur.** Grâce à Elisha Otis et à son système de sécurité, personne ne craint la rupture du câble.
La cuisine au gaz. L'invention de Lebon est livrée à tous les étages.

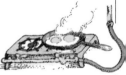

1856 **L'encre d'aniline** et les colorants chimiques.

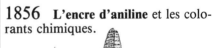

1859 **Le derrick.** Le premier est dressé à Titusville, en Pennsylvanie, et le colonel Drake trouve du pétrole à 21 mètres de profondeur.

1860 **La serrure de sûreté,** de Yale, avec ses combinaisons variées.

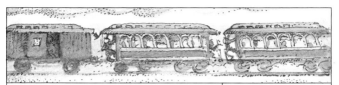

1857 Le wagon-lit. Construit par Pullman. Avec cabinets de toilette, bois précieux et tapisseries, le tout suspendu sur des ressorts à boudin. Douze ans plus tard, Pullman y ajoutera un wagon-restaurant.

1860 La pasteurisation. Découverte de Louis Pasteur, pour conserver le lait d'abord, d'autres aliments ensuite.

L'ouvre-boîtes. Invention probable des soldats de la guerre de Sécession.

1862 Le patin à glace, et la patinoire artificielle, dans Central Park, à New York. En Hollande, Frisons et Frisonnes patinaient depuis longtemps l'hiver sur les lacs gelés.

Le paquebot géant. Construit par Isambard K. Brunel, le *Great Eastern* mesure 207 mètres de long. Il aurait pu transporter 2 000 personnes, s'il avait trouvé des clients.

Tu partais
vers un pays
qui sentait le thym
la mélisse
Et sur
le wagon-restaurant
j'écrivis le mot amour.

Bernard Delvaille

1867 **La dynamite.** Elle fait la fortune de son inventeur, Alfred Nobel, qui pourra fonder son célèbre prix destiné à récompenser « les bienfaiteurs de l'humanité ».

1862 **Le pain de glace.** Fabriqué industriellement par Ferdinand Carré, il met fin à la récolte, l'hiver, de la glace du bois de Boulogne qui était conservée rue de la Glacière.

1863 **Le football.** En Angleterre, la « Football Association » demande aux joueurs de ne plus toucher le ballon avec les mains.

Janvier 1863 **Le métro** souterrain est inauguré à Londres. Il fonctionne à la vapeur et transporte neuf millions et demi de voyageurs la première année.

1865 **Le grand bi.** Voilà les pédales qui manquaient à la draisienne. Nous les devons à Michaux père et fils, de Bar-le-Duc.

1878 **L'Armée du salut** est fondée à Londres. Ses soldats défendent la foi, luttent contre la pauvreté et jouent de la musique dans les rues.

1869 **La photographie** en couleurs réalisée par Louis Ducos de Hauron. En 1904 les frères Lumière lanceront le premier procédé commercial : les Autochromes.

1870 **La dynamo** de Zénobe Gramme. C'est le premier générateur de courant : il va permettre de distribuer l'énergie électrique dans les maisons et les usines.

1876 **Le téléphone** est breveté par Alexandre Graham Bell, deux heures seulement avant Elisha Grey qui viendra déposer la même invention. *Ahoy, ahoy, Watson êtes-vous là ?* sont les premières paroles prononcées sur une ligne téléphonique.

Dieu que tu étais jolie ce soir au téléphone !

Sacha Guitry

60

La ligne haute tension. Grâce au transformateur inventé en 1883, l'électricité produite par une cascade des Alpes est transportée de Vizille à Grenoble sur une distance de quatorze kilomètres.

L'ampoule électrique. Depuis l'invention de la pile, beaucoup de chercheurs tentaient de mettre au point le filament incandescent. Parmi eux, Thomas Edison est le plus méthodique. Dans sa maison de Menlo Park, aux États-Unis, il essaye systématiquement tout ce qu'il trouve pour faire un filament : fil de soie, papier carbonisé, bambou, poil de barbe.

Le 21 octobre 1879, un fil à coudre de coton, venant tout droit de la corbeille à ouvrage de sa femme, tient quarante-cinq heures. L'éclairage électrique est né.

Le phonographe. En 1877, à Paris, Charles Cros dessine les plans d'une machine parlante qui ne sera ni brevetée ni construite. La même année, aux États-Unis, Edison, qui cherche depuis longtemps à reproduire les sons, présente son phonographe. *Mary had a little lamb* (une chanson populaire) sont les premières paroles gravées dans la cire.

Regardez-moi :
Ventre de verre
Et tête en bas,
Je suis légère.
Éblouissante
Et puis brûlante,
Regardez-moi
Je suis la lampe.
Petit soleil du soir
Qui fait fondre
  le noir,
Petit soleil de nuit
Qu'on allume
  du lit.

Robert-Lucien
Geeraert

Le phonographe
est le photographe
de la voix.

Un enfant

61

*Ma Remington
est belle pourtant
Je l'aime beaucoup
et travaille bien
Mon écriture
est nette et claire
On voit bien
que c'est moi
qui l'ai tapée.*

Blaise Cendrars

1878 **Le sac de couchage** en bâche verte imperméable à l'extérieur, et en fourrure de mouton bleue à l'intérieur, est confectionné à la demande de l'écrivain Robert Louis Stevenson, pour sa traversée des Cévennes, à pied, en compagnie de Modestine, son ânesse.

1874 **La machine à écrire,** de Remington, fabriquée dans les usines d'armements, au chômage depuis la fin de la guerre de Sécession.

1878 **Le chauffe-eau solaire** d'Augustin Mouchot permet d'imprimer un journal en actionnant une presse reliée à une machine à vapeur.

1879 **La caisse enregistreuse,** inventée aux États-Unis. En 1892, celle de William Burroughs pourra imprimer des tickets.

1880 **Le patin à roulettes.** Walters présente à Londres cet élégant modèle. Mais dix-sept ans plus tôt, à New York, James Plympton avait breveté un patin plus classique à quatre roues.

1881 Le tramway électrique, avec son trolley et ses étincelles, circule dans les rues de Berlin. Son inventeur : Werner von Siemens.

Le chewing-gum, fabriqué par Thomas Adams, est inspiré d'une vieille recette des Indiens Mayas.

1883 Le gratte-ciel. William Le Baron Jenney construit à Chicago un immeuble de neuf étages, à carcasse métallique.

L'omnibus, ouragan de ferraille et de boue, Qui grince, mal assis entre ses quatre roues et roule ses yeux verts et rouges lentement.

Paul Verlaine

1884 La poubelle. Le préfet Eugène Poubelle, connu par sa mise impeccable, rend obligatoire l'usage de récipients destinés à recevoir « les résidus des ménages ».

Le stylo. Breveté par Waterman.

1886 L'automobile à pétrole est construite par Daimler. Elle sera bientôt concurrencée par celles de Karl Benz, Panhard et Levassor, de Dion et Bouton, Peugeot frères, Henry Ford, Louis Renault...

1889 **La tour Eiffel** est le clou de l'Exposition internationale de Paris commémorant le centenaire de la Révolution française.

1888 **La bicyclette.** Le vélocipède avait depuis peu une chaîne, une selle à ressorts et deux roues égales. Le voilà pourvu de pneumatiques grâce à John Boyd Dunlop, un vétérinaire écossais.

1889 **Le petit-beurre.**

La photo pour tous : « Appuyez, nous ferons le reste. » George Eastman invente le rouleau de pellicule et, pour l'utiliser, un appareil simplifié : le Brownie Kodak.

Aïe aïe aïe,
aïe aïe aïe
Aïe aïe aïe
qu'il est laid !
V'là c'que c'est
C'est bien fait
fallait pas
qu'il aille (bis)
fair'son portrait

Tristan Corbière

1890 **L'air conditionné.** La McLeod American Pneumatic Company, de New York, installe un système de circulation d'air, pour avoir chaud l'hiver et froid l'été.

9 octobre 1890 **Le vol à moteur.** Clément Ader s'élève à quelques centimètres au-dessus du sol dans son *Éole* actionné par une machine à vapeur.

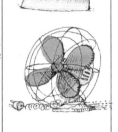

1891 **Le fer à repasser** électrique. **Le ventilateur.** Nouveau bienfait dû au moteur électrique de Zénobe Gramme.

La boxe. Les règles du marquis de Queensbury sont adoptées pour le « noble art » déjà pratiqué par les Grecs et remis à la mode au XVIIIe siècle.

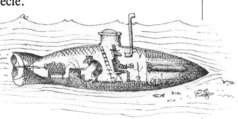

Le sous-marin. Jean Rey et Jules Carpentier inventent le périscope. La navigation immergée est au point.

1892 **Le Coca-Cola.** D'après la fameuse recette du docteur Pemberton, pharmacien à Atlanta, à base de quinze ingrédients, dont le toujours mystérieux « 7 X ».

1892 **Le béton armé** par des tiges de fer est inventé à Paris par François Hennebique.

1893 **La fermeture à glissière** mise au point par l'Américain W. L. Judson est baptisée « Zip » depuis l'inoubliable slogan : *Zip, c'est ouvert, zip, c'est fermé !*

L'aspirine. Le chimiste Adolf von Bayer enferme dans un cachet les vertus de l'extrait de saule, connues depuis les Grecs.

1894 **L'empreinte digitale**, trouvaille d'Alphonse Bertillon, de la Préfecture de police, pour identifier les délinquants.

1895 **La motocyclette.** Nom que les frères Werner ont donné à leur bicyclette à moteur.

La radiographie. Wilhelm Roentgen découvre de mystérieux rayons lui permettant de photographier en transparence la main de sa femme : ce sont les rayons X.

22 juillet 1894 **La course automobile,** entre Paris et Rouen. Quinze concurrents. C'est le tracteur à vapeur du marquis de Dion qui va le plus vite : 22,200 km/h de moyenne.

1895 **Le rasoir** à lame interchangeable est une idée de King Camp Gillette.

28 décembre 1895 **Le cinéma.** Dans le salon indien du Grand Café, boulevard des Capucines à Paris, Auguste et Louis Lumière, de Lyon, présentent leur invention.

Le noir iCI
fasciNÉ
s'aniMA
La phoTO
s'intéGRA
en stroPHE

Jacques
Charpentreau

67

8 avril 1896 **Les jeux Olympiques** s'ouvrent à Athènes le 8 avril sur l'initiative du baron Pierre de Coubertin. Ils n'avaient pas été organisés depuis plus de 1 500 ans.

1895 **Le pneu** démontable pour les automobiles. Invention des frères Michelin, de Clermont-Ferrand.

2 juin 1896 **La radio.** Le Russe Alexandre Popov transmet un message télégraphique sans fil à 250 mètres de distance. Trois ans plus tard, Marconi réussira à émettre au-delà de la Manche.

1897 **Les corn-flakes** grillés. Inventés par les frères Kellogg, pour nourrir leur quatorze autres petits frères et sœurs, qui habitent avec leurs parents une cabane de bûcheron au fond d'une forêt du Michigan.

1900 **Le métro** de Paris. La ligne Vincennes-Porte Maillot est inaugurée le 19 juillet. Ingénieur en chef : Fulgence Bienvenüe. L'architecte Hector Guimard en a dessiné les stations.

Bœuf sur la langue.
Langue dans la
* bouche.*
Bouche de métro.
Métro Alésia.

J. et C. Held

1898 **La boîte de vitesses** avec prise directe et marche arrière, construite par Louis Renault.

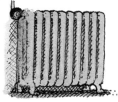

1899 **Le radiateur** de chauffage central.

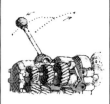

L'auto
N'atteindra
Jamais
La vitesse
De la route.

Malcolm de Chazal

1er mai 1899 **Le 100 à l'heure** est dépassé par Jenatzy sur sa voiture électrique la « Jamais-Contente ».

Le Tour de France est disputé à partir du 1er juillet 1903 en six étapes, sur 2 428 kilomètres. Soixante coureurs au départ, vingt-deux à l'arrivée. Vainqueur : Maurice Garin.

L'avion. Le matin du 17 décembre 1903, dans le froid et le vent, Orville Whright s'élève à trois mètres, vole sur une trentaine de mètres puis se pose. Douze secondes d'émerveillement !

Il a construit son avion avec son frère Wilbur, y compris le moteur, dans l'atelier où il fabrique d'ordinaire des bicyclettes.

Jusqu'ici, la plupart de ceux qui avaient cherché à voler avaient construit des machines qui imitaient le battement d'ailes des oiseaux. Mais les frères Whright, en observant plutôt les oiseaux planer, purent mettre au point le pilotage qui permettait à l'appareil de se maintenir en l'air.

Qu'il aille regarder le soleil comme Icare
Et que plus loin encore un avion s'égare
Et trace dans l'éther un éternel sillon.

Guillaume Apollinaire

Les matières plastiques. Léo Hendrik Baekeland, Belge vivant aux États-Unis, invente la Bakélite, premier plastique « thermoformé », très dur et très résistant.

Le présent divin offert à Gaul, c'est la légèreté : par la grâce, l'envol et le plané (l'absence mystérieuse d'efforts), Gaul participe de l'oiseau ou de l'avion (il se pose gracieusement sur les pitons des Alpes, et ses pédales tournent comme des hélices).

Roland Barthes

Un paquebot gigantesque, blanc comme un Mont-Blanc de sel.

Jacques Audiberti

1907 *Le Mauritania* ouvre l'ère des grands paquebots transatlantiques, véritables palaces flottants. Pendant vingt-deux ans, il sera le plus rapide : quatre jours et seize heures pour aller de Southampton à New York.

1905 La relativité. Albert Einstein a vingt-six ans quand il énonce sa célèbre théorie.

Le frein à disque, par le constructeur d'autos Alexandre Darracq.

1905 La bande dessinée *Little Nemo* de Winsor McCay paraît tous les jours dans le *New York Herald*.

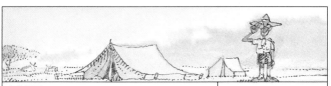

1907 **Le scoutisme.** Fondé par le général Baden-Powell, des hussards cavaliers de Sa Majesté britannique, pour l'éducation physique et morale des jeunes gens.

1906 **La lampe triode** de Lee de Forest. Grâce à elle la radio, qui était muette (ne connaissant que le morse), va pouvoir parler.

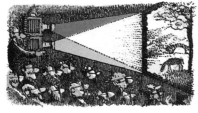

La photo en relief projetée sur un écran spécial.

Le café soluble est d'abord vendu à Chicago où il a été inventé par un Japonais, Satori Kato.

1908 **La Rolls-Royce** *Silver Ghost. La meilleure voiture du monde,* dit la publicité.

— Qu'est-ce que c'est que cette chose-là ?

— Ce n'est pas une chose. Ça vole. C'est un avion. C'est mon avion.

Et j'étais fier de lui apprendre que je volais. Alors il s'écria :

— Comment ! tu es tombé du ciel ?

Saint-Exupéry

25 juillet 1909 **Blériot traverse la Manche** en aéroplane, de Calais à Douvres, à cinq heures moins vingt du matin.

1908 **L'aspirateur** électrique de James M. Spangler est plus pratique que l'aspirateur-camion de Cecil Booth, de 1901, qui aspirait à l'aide d'un très long tuyau rentrant dans les maisons.

1909 **La Ford T.** Pour la construire, Henry Ford invente le travail à la chaîne.

2 avril 1913 **La planche à voile,** ou plutôt la vélivole, de Martin d'Estreaux, navigue ce jour-là sur la Seine.

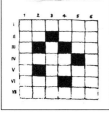

1913 **Les mots croisés** sont offerts aux lecteurs du *New York World,* à partir du 21 décembre.

1916 Le char d'assaut. Soixante tanks sont engagés par les Britanniques dans la bataille de la Somme, suivis par les célèbres chars Renault.

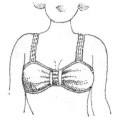

1914 Le soutien-gorge dessiné par mademoiselle Caresse Crosby, dont l'esprit inventif est héréditaire : c'est une petite-fille de Robert Fulton, l'inventeur du bateau à vapeur.

Les feux de circulation rouge et vert, à Cleveland. Le feu orange apparaîtra un peu plus tard dans les rues de New York.

1918 Le premier supermarché : King Kullen, « *le plus grand naufrageur de prix du monde* ».

*Rouge, vert,
  orange,
dans les soirs de
  brume,
dans les nuits de
  plume,
les feux sont des
  songes
au bout des
  trottoirs.*

Pierre Gamarra

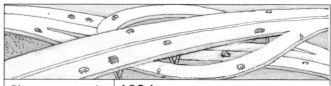

*C'est par un matin
de nivôse
Sur l'autoroute
l'auto rose
D'un oto-rhino l'on
suppose.*

Louis Aragon

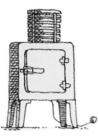

1924 **L'autoroute** relie Milan et Varese, en Italie. Aux États-Unis, elle facilite l'accès aux grandes villes.

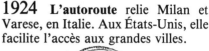

1920 **Le bracelet-montre** est inventé par les soldats de la guerre de 1914 qui avaient pris l'habitude de fixer leur montre à leur poignet.

1922 **Le réfrigérateur** est américain. Il viendra cinq ans plus tard en Europe.

1924 **Les mouchoirs en papier.**
La radio. Il existe à cette date six millions et demi de récepteurs de T.S.F. dans le monde.

6 octobre 1927 **Le cinéma parlant** avec Al Jolson dans *Le chanteur de jazz*.

20 mai 1927 **La traversée de l'Atlantique** en avion et sans escale. Charles Lindbergh, 25 ans, seul dans son *Spirit-of-Saint-Louis* se pose au Bourget après trente-trois heures et demie de vol.

1928 **La bombe aérosol.**
Le ruban adhésif.

1929 **Le Monopoly.** Inventé aux États-Unis par Charles Darrow qui vient d'être ruiné par la crise économique.

1930 **Le Leica,** de Barnack. Inventeur du même coup de la photographie petit format sur film de cinéma.

Les aliments surgelés. Commercialisés par Clarence Birdseye. L'idée lui en était venue dix ans plus tôt tandis qu'il chassait l'élan au Labrador.

1933 **L'éclairage fluorescent** illumine les avenues, les cinémas, les magasins. Le tube rose au néon avait été inventé par Georges Claude en 1910.

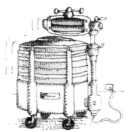

... derniers gratte-ciel dont les architectes ont empilé les étages comme les avares l'argent.

Paul Morand

1930 **La machine à laver** automatique, dans les maisons américaines.

1931 **La canne blanche,** d'abord utilisée à Paris, est adoptée par les aveugles du monde entier.

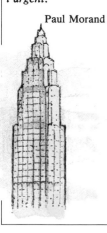

Le rasoir électrique breveté et fabriqué par Jacob Schick.

1932 **L'Empire State Building :** 102 étages, 6 400 fenêtres et 448 mètres de haut.

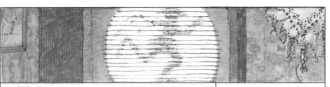

1936 La télévision. La BBC inaugure le 22 novembre un programme d'émissions régulières. John Logie Baird avait commencé les premiers essais en 1925.

1932 Le Kodachrome. C'est un violoniste, Leopold Godowsky, et un pianiste, Leopold Mannes, chimistes amateurs, qui inventent la photo en couleurs accessible à tous.

1935 Le Technicolor. *Becky Sharp* tourné à Hollywood par Rouben Mamoulian avec Miriam Hopkins, grâce au procédé imaginé par Herbert T. Kalmus.

1936 La *Coccinelle* Volkswagen est conçue en Allemagne par Ferdinand Porsche à la demande du gouvernement. Il en sera fabriqué plus de vingt millions.

Coccinelle
citronnelle
ma gazelle
de dentelle
ma tortue
la bienvenue
nid de lune
poule brune
ma géline
qui trottine
mon petit cheval
à pois,
ponds tes œufs
dans le lilas.

J. Held et
Y. Pommaux

79

1940 **La transmission automatique** et la direction assistée équipent les « belles américaines ».

1938 **La photocopie** par la Xérographie, à New York. Le procédé ne sera utilisé que dix ans plus tard.

Le Nylon, inventé chez Du Pont de Nemours, arrivera sous forme de bas pour les dames, en 1944, en même temps que les soldats américains.

*Un petit signe
de la main
à l'hélico,
l'hélicoptère,
et illico,
l'hélico
obtempère.*

Jacques
Charpentreau

1939 **Le DDT** est inventé en Suisse. Son usage se répandra grâce à l'armée américaine qui l'utilise pour se débarrasser des puces et des poux.

L'hélicoptère. Igor Sikorsky invente la petite hélice verticale à l'arrière : détail qui change tout et rend le vol aussi sûr que celui d'un avion.

Le livre de poche. Lancé par les éditeurs new-yorkais Simon and Shuster.

1940 **Le radar.** La Grande-Bretagne s'équipe, pour se protéger des avions ennemis, d'un réseau de « Radio Detection And Ranging ».

Le stylo à bille est vendu en Argentine d'après le brevet des frères Biro. En 1945 viendra celui de Reynolds.

Le magnétophone. Commercialisé en Allemagne d'après un principe découvert en 1898 par Valdemar Poulsen.

Sans corps,
sans bouche,
sans visage,
Je peux parler
tous les langages,
Chanter vite
ou au ralenti,
Je répète ce
qu'on me dit.
Qui suis-je ?
Le magnétophone.

Jacques
Charpentreau

1941 **La pénicilline** inventée depuis 1928 par Alexander Fleming est essayée avec succès sur un malade.

1942 **L'énergie nucléaire.** A Chicago, Enrico Fermi fait fonctionner une pile à uranium : la réaction en chaîne est maîtrisée.

15 juillet 1945 **La bombe atomique** est essayée au Nouveau-Mexique dans le désert d'Alamogordo. Le 6 août 1945, à sept heures et demie du matin, Hiroshima, 250 000 habitants, septième ville du Japon, cesse d'exister.

1944 **L'avion à réaction.** Le Messerschmitt Me-262 entre en service dans l'armée de l'air allemande. C'est le commencement de la fin de l'aviation à hélice.

1946 **L'ordinateur.** L'Eniac peut multiplier deux nombres de dix chiffres en trois millisecondes. Mais il pèse 30 tonnes et fonctionne avec 18 000 lampes.

1947 **La photo à développement instantané.** Edwin Land commercialise le procédé Polaroïd qu'il a lui-même inventé.

1954 **La greffe d'organe,** à Boston. L'équipe dirigée par le docteur Joseph Murray réussit la transplantation du rein. En 1967, en Afrique du Sud, le docteur Christian Barnard tente la greffe du cœur, mais l'opéré meurt dix jours après.

14 octobre 1947 **Le mur du son** est franchi par l'avion américain Bell X-1, à 1 078 km/h.

1947 **Les verres de contact.**

1948 **Le four à micro-ondes.** L'une des applications pacifiques du radar, sauf pour les poulets.

1949 **Le microsillon** 33 tours ou 45 tours. Il remplace le vieux 78 tours dont chaque face ne durait que quatre minutes.
La 2 CV.
On la charge comme un âne, elle est sobre comme le chameau.

Savez-vous
quelle différence,
puisque
Vous vous y
connaissez,
il existe entre un
disque
Et un zèbre ?...

... Eh bien, le disque
S'il n'est pas rayé,
*   c'est musical*
Et le zèbre,
*   c'est un cheval.*

Pierre Ferran

83

Le cinémascope. L'actrice Jean Simmons apparaît en 1953 sur grand écran entre Richard Burton et Victor Mature, dans *La Tunique*.

Inventé quelques années plus tôt en France par Henri Chrétien, le procédé est exploité à Hollywood pour concurrencer la télévision.

La télévision. L'iconoscope, le « tube » dans le langage d'aujourd'hui, avait été mis au point aux États-Unis par Vladimir Zworykin.

La caméra était prête depuis 1928. En Europe, le couronnement de la reine Elizabeth II d'Angleterre en 1953, retransmis en direct, est l'un des événements qui décide des foules entières à acheter un récepteur de télévision.

Le scooter. Petite folie des années cinquante, il est la vedette du film *Vacances romaines*, aux côtés d'Audrey Hepburn et de Gregory Peck. La Vespa – guêpe, en italien – essaime dans les villes du monde entier.

Le transistor. Inventé aux États-Unis en 1948, il permet de fabriquer des récepteurs de radio de petite taille et faciles à transporter. C'est le point de départ du développement de l'électronique.

*Les antennes vibrent
encore
Quand la télévision
s'arrête
A l'heure où la ville
s'endort. Alors,
Descendent du ciel
les comètes :
Les antennes
jusqu'à l'aurore
Peignent leurs
chevelures d'or.*

Jacques Charpentreau

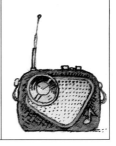

85

29 mai 1953 L'ascension de l'Everest, 8 880 mètres d'altitude, est réussie par Sir Edmund Hillary et son sherpa Tensing.

1953 Le synthétiseur de musique. Le 5 octobre, il joue, à l'université de Columbia aux États-Unis, la *Polonaise en la bémol,* opus 53, de Frédéric Chopin.

1956 Le magnétoscope, d'Alexander M. Poniatoff, qui, avec ses initiales suivies de « ex » pour « excellence », fonde sa marque : Ampex.
La pilule contraceptive, du docteur Pincus, de l'université de Harvard.

4 octobre 1957 Le satellite artificiel Spoutnik lancé par l'Union soviétique. Après une chienne, dix souris et quelques insectes, Youri Gagarine sera, quatre ans plus tard, le premier homme de l'espace.

1958 La stéréo sur disque et en haute-fidélité.

Spoutnik Spoutnik
C'est une mère
Qui fait sauter
Contre elle
Son enfant

Bernard Vargaftig

1960 **Le laser** ou « Light Activation by Stimulated Emission of Radiations ».

L'appareil reflex à miroir instantané. Asahi Pentax et l'industrie japonaise de la photo partent à la conquête du monde.

1958 **Le « jet ».** Un Boeing 707 de la Pan Am inaugure le service entre New York et l'Europe.

11 juin 1959 **Le hovercraft** traverse la Manche, cinquante ans après le vol de Blériot. Il a été inventé par Christopher Cockerell.

1963 **La minicassette** et son magnétophone portatif, inventés par les ingénieurs hollandais de Philips.

1967 **La mini-jupe,** une idée de la Londonienne Mary Quant.

16 juillet 1969 **Le voyage vers la Lune.** Apollo 11 emporte les trois cosmonautes Neil Armstrong, Edwin Aldrin et Michael Collins.

La télévision en couleurs retransmet en direct, pour des millions de spectateurs, les premiers pas sur la Lune d'Armstrong et d'Aldrin.

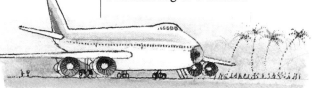

Le jumbo-jet et les vols charters, mettent les cocotiers à la portée de tous.

1971 **Le microprocesseur,** dit aussi « la puce », peut tout contrôler, de la calculatrice à l'ordinateur géant, en passant par les jeux et la marche des machines.

1972 **Le Delta-plane.** Un peu moins dangereux que le planeur d'Otto Lilienthal, de 1891.

25 juillet 1978 **Le bébé-éprouvette.** Elle s'appelle Louise Brown. Elle est anglaise.

1979 **Le walkman** d'Akio Morita – créateur de Sony et amateur de golf –, qui veut pouvoir écouter de la musique sans gêner les autres joueurs.

La vidéocassette arrive du Japon.

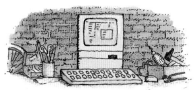

Le micro-ordinateur Apple II. Steve Jobs et Stephen Wozniak, les jeunes surdoués de San Francisco, ont perfectionné leur première machine construite dans un garage.

1980 **Le code-barres,** venu des Etats-Unis et du Canada, pour étiqueter les produits.

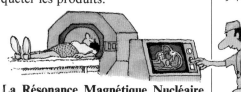

La Résonance Magnétique Nucléaire, méthode extra-fine pour déceler les lésions n'importe où à l'intérieur du corps.

La marque autocollante, invention d'Arthur Fry, ingénieur chimiste durant la semaine et chanteur de chorale le dimanche, pour retrouver les pages dans son livre de cantiques.

14 avril 1981 **La navette spatiale** Columbia rentre en planant de son premier voyage dans l'espace, où elle a volé à vingt-cinq fois la vitesse du son.

Le minilab Kiss qui développe en moins d'une heure les photos, complément de l'appareil photo à mise au point automatique et à moteur.

1983 **Le disque compact** à lecture laser remplace le vieux microsillon de nos pères.

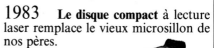

1984 **Le camescope,** à magnétoscope incorporé. La vidéo remplace le cinéma d'amateur.

1986 **Le Minoxidil,** premier produit faisant repousser les cheveux. Son effet, inattendu, se révèle sur des patients soignés pour hypertension, au Washington Hospital Center, Etats-Unis.

1987 **Les quatre roues directrices,** permettant des manœuvres plus rapides et surtout une meilleure stabilité dans les virages.

Le télécopieur ou **fax** envoie, par le réseau téléphonique, textes et images partout et tout de suite.

1988 **Le copieur couleur.** Encore un bienfait du rayon laser.

La colorisation, pour donner, à la télévision, des couleurs aux vieux films en noir et blanc.

Le téléphone cellulaire. Dans les voitures suédoises depuis sept ans, les britanniques aujourd'hui, bientôt dans la poche de cent millions d'Européens.

Le dessert glacé pour chiens. D'après la recette d'un chercheur de l'Université d'Etat de l'Ohio et vendu aux Etats-Unis un dollar et demi.

1989 **Ce livre.**

Table des découvertes et des inventions

Biographie de l'auteur

Jean-Louis Besson est né en 1932, l'année même où H.T. Kalmus inventait le Technicolor.

Un peu plus tard, on le retrouve à l'école maternelle lorsque la BBC inaugure son programme de télévision. Enfant de chœur, il manie l'encensoir alors que le DDT se répand chez les Suisses.

Deux mois à peine avant le succès de la première pile à uranium, il est admis de justesse au lycée Voltaire. C'est là qu'il met au point et perfectionne sa façon de gribouiller sur les cahiers; technique qui lui sera bien utile quand il travaillera dans une agence de publicité. Il décide de devenir illustrateur un an après l'apparition de la minijupe. Il réalise dépliants, bandes dessinées, films, livres et affiches. Depuis, il n'a cessé de mener une existence parallèle aux grandes inventions, et toujours consacrée au dessin.

Table des poèmes

re, Le Tortillard (*D'amour et d'aventure*, Debresse). Frédéric Kiesel, La Plume (*Nous sommes venus prendre des nouvelles des cerises*, Ed. Ouvrières, 1982). **54.** Gilbert Delahaye, La Girafe (*Du coq à l'âne*, Unimuse, Tournai). **57.** Bernard Delvaille (*Désordre*, Seghers, 1967). **61.** Robert-Lucien Geeraert, La Lampe (*Des mots nature*, Unimuse, Tournai, 1980). **62.** Blaise Cendrars (*Au cœur du monde*, Denoël). **63.** Paul Verlaine (*La Bonne Chanson*, 1870). **64.** Tristan Corbière, Sous une photographie de Corbière (*Les Amours jaunes*, Gallimard, 1973). **67.** Jacques Charpentreau, Le Cinéma (*La Ville enchantée*, L'Ecole, 1976). **69.** Jacqueline et Claude Held, Ballade pour un métro (*La poésie comme elle s'écrit*, Ed. Ouvrières, 1979). Malcolm de Chazal (*Sens Plastique*, Chez l'auteur, Ile Maurice, 1941). **71.** Roland Barthes, Le Tour de France comme épopée (*Mythologies*, Le Seuil, 1957). Guillaume Apollinaire, L'Avion (*Apollinaire*, par A. Billy, Seghers, 1947). **72.** Jacques Audiberti, Création (*Ange aux entrailles*, Gallimard, 1964). **74.** Saint-Exupéry (*Le Petit Prince*, Gallimard, 1946). **75.** Pierre Gamarra, Les Feux (*La Ville en poésie*, Gallimard, 1979). **76.** Louis Aragon, Poésies pour tout oublier (*Le Roman inachevé*, Gallimard, 1956). **78.** Paul Morand (*Poèmes*, Gallimard, 1973). **79.** Jacqueline Held et Yvan Pommeaux, Coquecinelle (*Hamster rame*, Ecole des Loisirs). **80.** Jacques Charpentreau, L'Hélicoptère (*La Ville enchantée*, L'Ecole, 1976). **81.** Jacques Charpentreau, Qui suis-je? (*La Ville enchantée*, L'Ecole, 1976). **83.** Pierre Ferran, Avec des rayures ou pas (in *Verticales 12*, n° 15-16, 1973). **85.** Jacques Charpentreau, Les Antennes de télévision (*La Ville enchantée*, L'Ecole, 1976). **86.** Bernard Vargaftig, Spoutnik (*La Véraison*, Gallimard, 1967). **89.** Robert Fabbri, Comptines à rebours (*Arbroiseaux*, Ed. Saint-Germain-des-Prés).

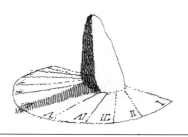